DISCOURS

PRONONCÉ le 30 Janvier dans l'Assemblée générale des Représentans de la Commune, par M. DEBOURGE, l'un des Représentans de la Commune, à l'occasion de la Demande faite, le 27, par les Juifs de Paris.

(1790)

DISCOURS

PRONONCÉ, *le 30 Janvier, dans l'Assem-*
blée Générale des Représentans de la
Commune, par M. DEBOURGE, l'un
des Représentans de la Commune, à
l'occasion de la Demande faite, le 27,
par les Juifs de Paris.

MESSIEURS,

LE s Juifs de la Capitale vous ont demandé
deux choses : la premiere, est un témoignage de
votre satisfaction pour leur conduite, avant &
depuis la révolution.

Ce n'est point sans raison que vous deman-
dent un témoignage honorable des sujets pai-
sibles, dont les ennemis même ne contestent pas
les vertus domestiques. On ne voit le nom d'au-

cun d'eux fcandaleufement infcrit, ni dans les Regiftres de Police, ni dans les Greffes des Tribunaux : fur cinq cens Jufs qui habitent Paris, il en eft plus de cent qui fervent avec diftinction dans la Garde-Nationale ; ils font par conféquent dignes d'eftime, & l'accueil favorable qu'ils ont reçu de vous le 27 de ce mois, leur eft un fûr garant de votre fuffrage.

Quant à leur feconde demande, favoir, que vous les appuyiez de votre recommandation auprès de l'Affemblée Nationale, c'eft une queftion qui mérite d'être approfondie. Nous allons nous étayer de quelques Réflexions préliminaires.

Pour jouir des droits de Citoyen, il fuffit d'être domicilié dans un Etat, d'y payer les impôts, & d'y remplir les devoirs prefcrits par la Loi.

L'hiftoire & l'expérience journalière, prouvent que par-tout les hommes injuftement opprimés font les ennemis naturels de la fociété, & qu'aucun Gouvernement n'a jamais dégradé certaines claffes, que par des vues malfaifantes.

Il eft aujourd'hui reconnu que la Religion étant un contrat entre Dieu & l'Homme, ne fauroit relever d'aucun Tribunal humain. Auffi l'article X de la Déclaration des droits porte-

(5)

t-il que « nul ne doit être inquiété pour ses
» opinions, même religieuses, pourvu que leur
» manifestation ne trouble pas l'ordre public établi
» par la Loi. »

Les Juifs ne sont ni intolérans, ni chercheurs
de profélites; ils ne peuvent donc être exclus,
sous ce prétexte, du droit de cité.

S'ils ont été avilis en France, c'est par leur af-
serviffement à un genre d'occupations, presque
incompatibles avec la morale.

Cette ufure qu'on leur reproche tant, & à
laquelle ils ont été non-feulement réduits par
l'adminiftration, mais encouragés par des Tribunaux (1), ne leur eft point tellement particu-
liere, qu'on ne pût citer nombre d'opulens chrétiens qui, d'ailleurs, n'ayant pas leurs bonnes quali-
tés, fe font montrés, quant à l'ufure, plus *Juifs*
que les *Juifs*.

Mais quand ils feroient feuls entachés de l'u-
fure, on ne leur en devroit pas moins de l'in-

____

(1) Indépendamment des Lettres-patentes de 1632,
qui les autorifent à prêter à feize pour cent, divers
Arrêts du Parlement de Metz leur ont permis de prêter
à douze.

A 3

dulgence, puifque dans l'ignominieufe inconfti-
tution d'où nous voulons fortir, il n'étoit prefque
point de profeffion ni d'état dont le défaut ou
le vice dominant ne fut devenu *Proverbe*.

Si-tôt qu'un corps politique eft vicié dans toutes
fes parties, des Réglemens particuliers pour telle
ou telle claffe, pour les Juifs d'un côté, & de
l'autre pour les Chrétiens, ne feroient que des
palliatifs impuiffans; &, fous peine de pourrir
dans l'anarchie, toutes les claffes doivent alors
être régénérées par une Conftitution commune
à toutes.

La caufe des Juifs n'eft donc plus probléma-
tique aux yeux de la raifon & de l'équité; &
lorfque le 24 Décembre dernier, fut ajournée
cette queftion, s'ils feroient admis au droit de
cité, ce n'eft point que les vérités que je viens
de préfenter, n'euffent trouvé, dans l'Affemblée
Nationale, des défenfeurs généreux & éclairés.
Mais l'Affemblée Nationale n'ignoróit pas que
les préventions contre les Juifs étoient profon-
dément enracinées dans l'Alface, dans la Lorraine,
& dans les Trois-Evêchés, où ils font en très-
grand nombre. Ce n'eft point par une complai-
fance déplacée pour ces Provinces, que l'Affemblée Nationale a ajourné la queftion, c'eft plutôt

par refpect pour la vérité : car un antique préjugé reffemble beaucoup à la vérité , fur-tout aux
yeux de cette multitude d'hommes, que leur édu-
cation & leurs befoins fans ceffe renaiffans, con-
damnent à un travail monotone, & rendent in-
habiles à la méditation. L'Affemblée Nationale
en établiffant , par fon Décret du 24 Décembre,
» qu'elle n'entend rien préjuger relativement aux
» Juifs, fur lefquels elle fe réferve de prononcer , »
n'a donc point capitulé avec le préjugé ; elle lui
a feulement accordé une trêve , pendant laquelle
elle a le droit d'efpérer que les préventions locales
pourront fe diffiper, les paffions fe calmer, &
les droits des Juifs fe fortifier de cette évidence,
qui doit diffiper tous les doutes.

Que peuvent defirer les Juifs dans de telles cir-
conftances ?

Que la queftion relative à leur admiffibilité aux
emplois civils & militaires , foit ajournée à jour
fixe.

Et vous , Meffieurs , devez-vous chercher à leur
procurer cet avantage ?

Vous ferez peut-être embarraffé fur le *comment* ;
mais fi c'eft un devoir, vous le remplirez en dé-
pit des obftacles. Or c'eft à Paris qu'ont été for-

A 4

gées les armes qui ont abattu la superstition & le
despotisme ; c'est à Paris que s'est mûrie, pour la
régénération de la France, & peut-être pour le
bonheur du monde, cette opinion publique, de-
vant laquelle ont pâli tant de préjugés : c'est donc
à Paris, plus intéressé que toute autre ville du
Royaume, à la prospérité commune, que doit tom-
ber un préjugé aussi funeste au Royaume qu'il l'est
aux Juifs. Car l'Etat qui appauvrit ses sujets, en
leur interdisant les moyens honnêtes de subsister,
s'appauvrit lui-même ; & jamais la France n'eût
plus d'intérêt non-seulement à conserver les Juifs
qu'elle renferme dans son sein, mais à les bien
traiter, pour attirer les capitaux d'une foule de
Juifs étrangers qui regarderoient la France
comme la *Terre promise*, s'ils pouvoient y jouir
comme tout François, de l'égalité civile & politique.

J'ajouterai, Messieurs, que si les cahiers de
la Capitale n'ont rien dit en faveur des Juifs,
c'est qu'ils ont été faits à la hâte. Certes, on
ne supposera pas que les Electeurs qui recomman-
dèrent spécialement à leur Députés, « de pren-
» dre en considération le sort des Esclaves noirs,
» ou hommes de couleur, tant dans les Colo-
» nies qu'en France, n'eussent pas, s'ils avoient

» eu le tems d'y réfléchir, formé une demande
» en faveur des Juifs (1) ».

————————————————————

(1) On me répondra peut-être que je ne devrois pas
profiter, en faveur des Juifs, d'un article qui n'a été
mis dans les cahiers, qu'à ma follicitation. En effet,
comme j'étois du nombre des Electeurs, la fociété des
amis des Noirs, dont j'avois l'honneur d'être Membre,
me chargea, envers l'Affemblée Générale des Electeurs,
de fes intérêts, qui font ceux de l'humanité & de
la raifon.

Mais je certifie qu'ayant remis une note, fur cet objet,
aux Commiffaires chargés du chapitre de la légiflation,
elle fut auffi-tôt admife que préfentée. Il eft auffi de
mon devoir d'avouer que c'eft par une négligence de
ma part, qu'il n'y eût rien de ftatué fur les Juifs : car
j'avois préparé pour la Séance dans laquelle l'article
des Noirs devoit être difcuté, Séance à laquelle j'eus
le tort de ne point me trouver, un petit Précis, dans
lequel je prouvois que *jamais la liberté civile & politique ne feroit parfaitement affurée en France, tant qu'il
y auroit des Efclaves dans nos Isles, des main-morta-
bles dans nos Provinces, & enfin tant que les Juifs
feroient féparés de nous, par tout ce qu'un barbare &
injufte mépris peut imaginer, pour rendre fes victimes en
effet méprifables.*

Parmi plufieurs hommes très-recommandables, à qui
j'avois communiqué cette idée, je me contenterai de
citer M. Briffot de Warville, auffi connu par fa vé-
racité, que par fon courageux patriotifme.

Comment réparer aujourd'hui cette omiffion ? Enverrez-vous à l'Affemblée Nationale des Députés chargés d'une adreffe en leur faveur ?

Mais le moment où vous réclamez contre le Décret de l'Affemblée Nationale, relativement au marc d'argent, eft-il celui que vous devez choifir pour appuyer les Juifs de votre fuffrage ?

Cette députation ne pourroit-elle pas être mal interprêtée par les Provinces à qui les mécontens ont déja voulu infpirer de la jaloufie contre l'influence de la Capitale ?

Comment donc s'y prendre pour favorifer les Juifs ?

En voici le moyen fimple & facile.

La vraie théorie de la repréfentation, celle qu'il faudra refpecter enfin, fi l'on veut que la machine politique ne marche point par faccades, & que l'adminiftration de la chofe publique ne devienne pas le plus lourd des impôts ; cette théorie, dis-je, n'admet d'intermédiaires entre la Na-

---

En défendant aujourd'hui les infortunés Juifs, je ne fais qu'acquitter une dette que j'avois depuis long-tems contractée avec ma confcience.

tion & l'Assemblée Nationale , que les Députés
de la Nation à cette même Assemblée. Vous pouvez donc , Messieurs, charger vos Députés d'é-
pier le moment convenable pour faire ajourner
la cause des Juifs à jour fixe ; & si vous voulez
réparer , autant qu'il est en vous , & les crimes
du Gouvernement & les torts de la Nation envers les Juifs , choisissez parmi vos Députés ,
l'homme que vous croirez le plus capable de donner de l'éclat & de la consistance à cette cause.

L'argument qu'on fait le plus valoir contre les
Juifs , est la différence de leur religion d'avec la
nôtre ; mais cet argument tombe, s'ils trouvent
dans le Clergé leurs plus zélés partisans. Or vous
savez, Messieurs, que le premier en France qui
ait soutenu la cause des Juifs avec succès, est un
vertueux Curé (1) que l'Assemblée Nationale

____

(1) M. l'Abbé Grégoire , Auteur d'un Ouvrage cou-
ronné par la Société des Arts & des Sciences de Metz,
en réponse à cette question : *est-il des moyens de rendre
les Juifs plus heureux & plus utiles en France ?*

Nous n'entendons nullement déprécier les Ouvrages
de MM. Thierry & Zalkind Hourwitz , qui ont par-
tagé, avec M. l'Abbé Grégoire , le prix de l'Académie
de Metz. Nous disons seulement qu'un Juif & un
Avocat , plaidans en faveur des Juifs, ne pouvoient

compte parmi ſes membres. Vous ſavez qu'un Prélat (1) remarquable par ſon patriotiſme & ſes talens, vient de ſe diſtinguer dans la même cauſe. Il dépend de vous, Meſſieurs, de donner aux Juifs un défenſeur encore plus illuſtre. Vous avez au nombre de vos Députés un Prêtre célèbre par la ſévérité de ſes mœurs, la pureté de ſés principes, la rectitude de ſon jugement & l'étendue de ſes lumieres. C'eſt à un tel homme qu'il appartient non-ſeulement de terraſſer le préjugé, mais de l'étouffer ; & vous ne pouvez que vous honorer, Meſſieurs, en déſignant, puiſqu'il s'agit d'une œuvre difficile, l'homme qui a conçu & exécuté les travaux les plus importans; l'homme, qui par ſes écrits à hâté & ſoutenu la révolution ; l'homme qui dans un tems où la vérité étoit périlleuſe à dire, l'a profeſſée avec le

---

pas être fort accueillis. Cela étoit trop ſimple pour exciter l'attention. Mais lorſqu'on vit un Prêtre entreprendre la même tâche, la curioſité s'éveilla ; & c'eſt à cette époque que le gros du public commença à s'appercevoir qu'il n'étoit pas juſte envers les Juifs.

(1) C'eſt M. l'Evêque d'Autun qui a préſenté, le 28 Janvier, à l'Aſſemblée Nationale, la pétition des Juifs, connus ſous le nom de Portugais.

zèle des Miſſionnaires & le courage des Martyrs ; l'homme qui a rendu à la Nation le plus durable des ſervices, en diſpoſant le Tiers-état accru de quelques membres du Clergé, à ſe conſtituer en Aſſemblée Nationale (1) ; l'homme dont le gé-

---

(1) On dira ſans doute que la Motion faite par M. l'Abbé Sieyes, le 15 Juin, portoit ſeulement que l'Aſ-ſemblée des Députés des Communes, ſe conſtitueroit en Aſſemblée des Repréſentans, connus & vérifiés de la Nation, & que dans la mémorable journée du 17 Juin, ce fut M. le Grand qui propoſa de ſe conſtituer en Aſſemblée Nationale.

Telle eſt la marche de l'envie. Voilà comme, ſous prétexte de rendre juſtice à un homme de mérite, elle s'y prend pour rabaiſſer un homme de génie.

Mais on ſait qu'à peine la propoſition de M. le Grand étoit faite, que M. l'Abbé Sieyes, ſûr de l'im-preſſion qu'il avoit produite le 15, adopta ſur le champ cette propoſition, qui n'étoit qu'une conſéquence im-médiate des principes ſur leſquels il avoit appuyé ſa Motion.

On peut donc ſoutenir, ſans bleſſer M. le Grand, que la gloire de la journée du 17, eſt dûe principale-ment à M. l'Abbé Sieyes ; car une vérité eſt cenſée appartenir, non à qui l'énonce, mais à qui la démontre le premier.

nie inventif & l'infatigable perféyérance , ont le
plus contribué à l'établiffement de la Conftitution ; l'homme dont les conceptions politiques

----

A Dieu ne plaife que nous ofions jamais louer
perfonne que par des faits authentiques ! De tous les
genres de proftitution , le plus vil eft celui de l'éloge.
Mais l'abus de l'éloge eft dans les fuppofitions , dans
les exagérations ; fon opprobre dans le menfonge. Or, on
ne nous accufera point ici d'avoir rien fuppofé , rien exa-
géré , rien altéré , & nous répéterons hardiment ce que
nous avons dit ailleurs :

» Celui qui , par une tactique favante , difpofa le
» Tiers-Etat accru de quelques Membres du Clergé ,
» à fe conftituer en Affemblée Nationale , a rendu à la
» France le plus fignalé des fervices. Il a détruit pour
» jamais cette honteufe & abfurde diftinction des Or-
» dres , qui foumettoit à deux cents mille Ariftocrates
» héréditaires, vingt-cinq millions d'hommes , & qui ,
» quelques impartiales qu'euffent été en apparence les
» Loix dont on auroit pu convenir , eût empoifonné
» notre Conftitution dès fon berceau : il a détruit ces
» barrières impénétrables à la vertu , ces remparts de
» l'orgueil auprès defquels feroient inceffamment re-
» venus fe profterner toutes les profeffions , tous
» les talens utiles ; il a détruit cette Ariftocratie Re-
» ligieufe , Judiciaire & Militaire , qui bientôt n'eût
» fait du Roi qu'un fantôme , & de la Nation qu'une
» victime. »

font encore bien fupérieures à cette Conftitution que nous ferons trop heureux d'obtenir.

Je vous propofe donc, Meffieurs,

1°. De donner aux Juifs de Paris un témoignage de votre fatisfaction pour leur conduite avant & depuis la révolution.

2°. De faire convoquer par M. le Maire vos Députés à l'Affemblée Nationale, & de le charger d'inviter, au nom des Repréfentans de la Commune , M. l'Abbé Sieyes, à prendre en main la Caufe des Juifs , & à fe concerter avec fes co-Députés , pour profiter du premier moment où il leur fera permis de faire ajourner la queftion à jour fixe.

F I N.